말보다 오래 머무는 말

말보다 오래 머무는 말

초판 발행일 2025년 6월 10일

지은이 **오필선**
발행인 **김미희**
펴낸곳 **몽트**

출판등록 2012.12.20 제 2014-0000-38호

주소 안산시 상록구 화랑로 513 2층 24호
전화 031-501-2322 팩스 031-501-2321
메일 memento33@menthebooks.com

값 13,000원
ISBN 978-89-6989-110-5 03810

말보다 오래 머무는 말

오필선 시집

「시인의 말」

조용한 숨결로 피어나는 것들

시는 말이 되지 못한 마음에서 시작된다고 믿습니다.
설명할 수 없는 순간, 손끝으로도 잡히지 않는 감정들이
어디로도 흘러가지 못한 채 가슴 어귀에 맺혀 있을 때,
나는 조용히 시의 문을 엽니다.

이 시집은 그렇게 시작되었습니다.
이름 없는 시간들, 무심히 지나친 계절의 흔들림,
아무도 눈길 주지 않던 것들에 조심스럽게 시선을 얹으며
나는 '존재'라는 질문을 오래도록 들여다보았습니다.

사는 일이란, 어쩌면 끝없이 물음을 품는 일인지도 모릅니다.
그 물음은 너무 작고 조용해서 귀 기울이지 않으면 들리지 않습니다.
그러나 우리는 하루에도 몇 번씩 자신에게 묻고 있지요.
지금, 나는 진심으로 살고 있는 걸까.
지금, 이 감정은 나만의 외로움일까, 혹시 누군가의 것이기도 할까.

이 책에 담긴 시들은
꽃과 바람, 안개와 햇살, 물과 불빛처럼
자연 속의 은유를 빌려 삶의 결을 다시 어루만지려는 마음입니다.
지나가면서도 문득 머물게 되는 것들,
보이지 않지만 분명히 존재하는 것들,
말하지 않아도 마음을 건너는 감정들에 대해
나는 한 문장씩, 오래도록 머물며 써내려갔습니다.

내 시의 언어는 때로 부드럽고 느릿하며,
때로는 거칠고 직선적입니다.
사람의 마음도 그러하듯,
시는 하나의 색으로 칠해질 수 없었습니다.
그리하여 이 시집은,
당신 안의 조용한 목소리, 스쳐간 기억,
그리고 아직 말하지 못한 감정들을
부드럽게 꺼내어 마주 앉을 수 있는 자리이길 바랍니다.

시는 해답이 아니라,
그저 곁에 조용히 머무는 '숨결'이면 좋겠습니다.
누군가의 지친 하루 끝에
따뜻한 물 한 잔이 놓여 있는 존재.
무언가를 가르치거나 이끌려 하기보다
그저 가만히, 당신 곁에 앉아 있는 마음.

그렇게 머물 수 있다면
나는 시를 쓸 이유를 이미 충분히 가진 셈입니다.

2025년 여름
오필선 드림

「 목 차 」

시인의 말　　　　　　　　　　　　　　　　　　　　　　　4

제1부 : 말의 정원─────────────────

조용한 숨결로 피어나는 것들　　　　　　　　　　　　　4
말의 정원을 가꾸며　　　　　　　　　　　　　　　　　14
용서의 시간　　　　　　　　　　　　　　　　　　　　16
셋방살이　　　　　　　　　　　　　　　　　　　　　18
달의 등뼈　　　　　　　　　　　　　　　　　　　　　20
염주를 꿰는 시간　　　　　　　　　　　　　　　　　　22
봄을 캐는 일　　　　　　　　　　　　　　　　　　　　24
말보다 오래 머무는 말　　　　　　　　　　　　　　　　25
밥보다 먼저 끓는 것들　　　　　　　　　　　　　　　　27
괜찮아 이제는　　　　　　　　　　　　　　　　　　　30
풀잎처럼 사는 일　　　　　　　　　　　　　　　　　　32
별똥별　　　　　　　　　　　　　　　　　　　　　　34
늦은 시간은 없다　　　　　　　　　　　　　　　　　　35
자존심이 팍 살던 날　　　　　　　　　　　　　　　　　36
틈　　　　　　　　　　　　　　　　　　　　　　　　38
할머니의 감나무　　　　　　　　　　　　　　　　　　39

제2부 : 가장 느린 도착

비가 내리면	44
느림은 나뭇잎 하나다	46
속도를 늦춘 바람	48
도착의 시점	49
고백	51
오래된 전화번호	52
길을 잃은 절벽	53
느림보가 건네는 안부	55
단단한 삶	58
마법의 노래	60
끝없이 부는 바람	61
봄이란 놈	62
내가 머문 자리	64
꽃이 져야 봄이 온다	65
보이지 않아도 사라지지 않는 것	67

제3부 : 처음은 언제나 비릿하다

아름다운 것들의 처음은 비릿하다	70
한 그릇의 위로	72
그대라는 이름	74
사리포구	75
아버지	77
염부의 눈물	80
소금꽃	81
고향의 봄	82
당신을 위한 겨울	83
다정함의 망설임	85
등불 하나	86
대부도 해솔길	87
비석거리의 외침	89
현정승집도	92
방아머리 사랑	94

제4부 : 우리가 머문 계절

빛의 여백에 머물다	96
공명	98
젓가락	99
함성	101
사랑나무	103
가을 단풍	105
알아, 무슨 말이 하고 싶은지	106
사랑1	107
사랑2	108
사랑3	109
사랑4	110
사랑5	111
코스모스	112
백합	113
목련	114
장미	115
라일락	116

출판사 서평 117

제1부 :: 말의 정원

"말이란 사람과 사람 사이에 피어나는 가장 따뜻하고 아름다운 꽃"

-「말의 정원을 가꾸며」 중에서

말의 정원을 가꾸며

말이란 씨앗을
마음 밭에 심습니다
한때는 거칠게 뿌린 말들이
돌 틈에 스러지곤 했지요

하지만 오늘
햇살 같은 용서를 담아 물을 주고
살랑이는 바람처럼 손길을 보냅니다

바위에 걸려 자라지 못하던 말은
부드러운 흙을 만나 싹을 틔우고
가시 돋친 말들은
자신의 날카로움을 스스로 깎으며
꽃이 됩니다

그리하여
곱게 피어난 말의 정원에서
나는 가장 고운 향기를 골라

당신에게 건네 줍니다

말이란
사람과 사람 사이에 피어나는
가장 따뜻하고 아름다운 꽃
그 꽃잎이 흔들릴 때마다
사랑은 가벼운 바람이 되어
온 세상에 퍼질겁니다

용서의 시간

용서의 시간은
옹이를 도려내고
뒤엉킨 매듭을 풀어
속을 헤집고 들여다보는 일이다

고요한 강물처럼 흐르지 못하고
돌부리에 걸려 멍들었던 마음을
한 겹씩 벗겨내며
아픔을 손끝으로 만져보는 일이다

피고름처럼 흘러나오는 기억들이
비바람 속에 젖은 나뭇가지처럼
부러질 듯 위태롭지만
그 상처 위에 새살이 돋는 일이다

용서는 미워했던 얼굴을
다시 마주하는 것이 아니라
스스로를 다독이며

아픈 상처를 놓아주는 일이다

천천히 아주 천천히
완행열차처럼 흐르는 시간 속에서
서로의 미움마저 기대며
다정했던 사람으로 돌아가는 것이다

셋방살이

새벽바람에도 집이 흔들리는 날

제비들의 검은 깃털이 회색 하늘을 가르고
딱딱하게 굳은 날개를 펄펄 떨며
세상에서 가장 조용한 귀퉁이에
깃털 하나 눕히듯 둥지를 틀었다

햇살이 따뜻해진 오후 때문이었을까
겨울의 부스러기들이 둥지의 벽마다 스며들고
잊혀진 깃털 냄새가 바람 틈새로 흘러나와
다시 지어야 할 둥지의 설계도를 찾아
흙과 나뭇가지 바람도 머물 꿈을 바른다

귀퉁이마다 주인의 발자국이 새겨진 지붕 아래
부리를 쪼아대며 텅 빈 둥지를 매만진다
쫓겨난 자리의 기억을 애써 지우며
문풍지 숭숭거리는 셋방의 문을 열었다

"이곳을 두드려도 들리지 않겠지?"
"쉿, 조용히"

달의 등뼈

밤마다 허락되지 않은
빛의 경계를 밟으며
달의 등뼈를 타고 걷는 중이었다

구름 속으로 스며들었고
그림자로 따라갔다

입맞춤은
눈 내린 사막의 장미 같아
피 한 방울로 피어난 후
입술을 찌르고 또 찔렀다

너를 품으며
바닷물에 젖은 갈매기처럼
먹이를 삼켜도 목울대에
쓴물이 차올라

모래 속에 숨긴 조개처럼

말하지 못한 말들을 꾹 다문 채
파도가 물러간 자리에서
울음을 터트렸지

끝내
서로의 별자리를 지우며
하늘에도 오르지 못할 이야기

염주를 꿰는 시간

세월이 구슬처럼 손끝에서 흘러내리고
희노애락의 사연마다 번뇌의 구멍이 뚫리면
나는 그 틈새로 삶을 꿰어
한 줄 염주를 만든다

환갑을 넘긴 손
젊음의 열기 대신 단단함을 품고
상처를 문질러 매끈해진 마음으로
모진 세월을 구슬로 꿰어낸다

실은 관세음보살의 연민처럼 가늘고도 질겨
나를 잇고 타인을 잇는다
기도와 후회의 알맹이를 꿰며
불완전한 인간의 염원을 매듭짓는다

철의 염주는 결심이고
진주의 염주는 깨달음이며
나무의 염주는 순수다

나는 그 모든 구슬의 장인이 되어
삶이라는 염주를 완성해 간다

주불은 없다
삶 자체가 나의 주불이니
어느 한 구슬도 버릴 수 없다
108개의 번뇌를 굴리며 나는 안다
이 모든 것이 결국 나를 빚어낸 시간임을

염주를 만드는 시간
그것은 이제 나를 완성하는 시간이다
기도도 번뇌도 사라진 평온
사랑도 삶도 벗어난 깨달음이다

봄을 캐는 일

칼날에 슥 베이면서도
호미날에 푹 파이면서도
봄은 캐거나 뜯어내는 일

쑥을 뜯어본 사람은 안다
향내를 감춘 쑥스러움을
냉이를 캐본 사람은 안다
땅속 깊은 곳 뿌리내린 생명력을

그렇게 긴 겨울을 견디며
누구의 그림자도 닿지 않은 곳에서
마른 검불을 털어내며
봄이 오기를 기다렸다는 것을

봄을 캐본 사람은 안다
칼도 호미도 그 어떤 도구도
필요치 않은
손끝의 온기만으로도
충분하다는 것을

말보다 오래 머무는 말

그 애는
봄이 오기 한 달 전부터
도라지 씨앗을 물에 담가둔다

입춘도 지나지 않았건만
그건 인사처럼 매해 반복된다

"추웠지? 그래도 올해는 잘 자라렴"

말은 씨앗에게 가지만
실은 오지 않는 누군가에게도 닿는다

느림은 그런 것이다
도착하지 않을 걸 알면서도
한 해 먼저 마음을 보내는 일

가장 느린 안부는
물속에 잠겨 있다가

해가 바뀌는 어느 날
비로소 땅을 밀어올린다

그 손끝처럼 여린 싹을 보며
우리는 말이 많아진다
사실은 하고 싶은 말이 많았던 거다
다만 너무 느려서
마침내 피워낸 것일 뿐

느림이란
말보다 오래 머무는 말이다
차마 끝맺지 못한 문장들의 뿌리
그 끝에서 꽃처럼 퍼지는 안부

아무도 보지 못한 사이
또 도라지를 담갔다

밥보다 먼저 끓는 것들

할머니는 깍두기를
도마 위에서 쿡 눌러 썰었다
빨간 숨결이 도마 위에 번졌다

검은 무쇠솥 안
펄펄 끓던 된장국 속엔
된장보다 진한
할머니의 하루가 우러나 있었다

"국은 말아서 먹는 거야"
말없이 내 앞에 놓이던 국 한 그릇
깍두기 하나 얹어 입에 넣으면
무너지는 건 밥이 아니라
속이었고 마음이었다

그리고 오래 지난 어느 봄날
어머니 생일날 아침
뒤늦게 차린 미역국 앞에 앉았다

들기름 향 속에
젊은 엄마의 날들이 퍼졌다
엄마의 말 한마디 속
눈가에 맺힌 조용한 이슬

"이건 네가 서른 되던 해
나한테 끓여줬던 거야"
엄마의 손맛과
할머니의 정성이
겹겹이 흘러가고 있었다

국물은 늘 고요하다
그러나 그 속엔
말보다 오래 남는 것들이
끓고 식고 다시 끓는다

나는 오늘도

깍두기 하나 미역 한 줄
그 따뜻한 기억들을
천천히 씹는다

괜찮아 이제는

더딘 걸음 마른 헛기침 소리에
참을성이 바닥난 유별난 조바심은
동구 밖 먼발치로 뛰쳐나가
설레발을 치며 마중을 나갑니다

길게 늘어선 신작로를 서성이며
몽글거리는 망울진 국화꽃 틈으로
더디게 몸을 푸는 게으름을 탓하며
아롱거리는 꽃잎의 사연을 듣습니다

노란 저 꽃무릇은 어떤 사연이며
빨간 저 꽃무릇은 어떤 인연일까
보슬비가 내리는 가을 국화 옆에서
물컹하고 비릿한 사연을 슬며시 꺼냈습니다

가끔은 말이 되지 않는 말은 서툴다는데
손사래를 치며 개의치 않는 망울진 국화
"괜찮아"
어떤 시작과 어떤 끝을 보려고 온건 아니잖아
괜스레 미안한 마음도 아무렇지 않은
울컥, 그만 참아도 되지 않을까

풀잎처럼 사는 일

바람 끝이 무거워
배춧잎이 하루처럼 접히고
마른 잎술도 혀끝으로 말린다

잠에서 깨지 못한 어둠 속
눈을 뜨면 아직 젖은 새벽인데
묵은 꿈 하나 등에 걸치고
굽은 등을 버티는 무거운 발걸음
먼 길을 나서는 발자국 소리

길 위의 그림자들만 길게 늘어서
졸고 있던 가로등도 눈을 감는다

삶의 끝에 무엇이 있다해도
걸음을 멈추지 않는다

햇살 한 줌만 비춰도 좋은 날이고
눈물 대신 웃을 수만 있어도
그날이 좋은 날이다

누군가 가만히 등을 토닥여 주었으면
살아낸 날들에
그저 고개 한번 끄덕여 주었으면

풀잎처럼 보잘 것 없어도
결국 다시 피어나는 날이 오기를

별똥별

지구 반대편 별똥별이 떨어지는 순간
내 심장은 흩어지는 유성처럼
허망한 사랑이 조용히 가슴으로 묻혀

너의 이름을 속삭일수록
가슴은 점점 텅 비어가고
영원히 닿지 못할 감정의 무게가
사라지는 여운처럼 아쉬움으로 남는다

상처로 엮인 실타래 같은 애틋함이
서로 다른 길을 걸으며
기억 속에서만 반짝이는 찰나들

흐릿해진 모습은 같은 별에 닿아도
서로를 찾지 않는 이방인
평행선의 미로처럼 닿지 못할 그리움

늦은 시간은 없다

이 나이에 내가 뭘 바꾼다고?

계절도 반복되고
상처도 비슷한 자리로 다시 찾아오고
꽃이 피는 이유에 나이가 필요 없듯
햇살을 반기는 데 계절은 구분되지 않는다

삶이 고단했기에
더 부드러워진 손길이 있다면
그건 늦은 게 아니라 깊어진 것이다

꽃은 서두르지 않는다
모든 피어남엔 고통이 스며 있어
바람을 견디며 향기를 피우는 꽃처럼

자존심이 팍 살던 날

예나 지금이나
버티는 힘은 자존심이었어
칫솔이나 치약 같은 건 꿈도 못 꾸던 시절
"하루 세 번 이를 닦으라"는 말은
그저 먼 도시의 이야기였지

까칠한 삼촌이 집에 오는 날이면
허겁지겁 소금을 한 움큼 쥐고 절구에 찧었어
손가락 끝에 소금을 묻혀
잇몸을 꾹꾹 문지르다 보면
피가 뚝뚝 떨어졌지

"아직 멀었다"
삼촌의 눈짓에 입술을 깨물며
물을 한 움큼 토해냈어

이쯤이면 됐겠지 싶었는데도
거울 앞에 서면 여전히 누런 이
입안이 얼얼해지고 피 맛이 희미해질 무렵
눈앞에 비친 내 하얀 이를 보았어

양조장 딸의 눈부신 미소가 떠올랐고
오늘만큼은 내 모습도
그녀의 미소를 닮았다고 느껴졌어
자존심이 살짝 피어난 날이었지

허연 버짐이 핀 얼굴을
빨랫비누로 열 번은 문질러 닦고
까까머리에 붙은 딱정이를 벅벅 긁어냈어
그러고는 거울 속 나를 보며 웃었지

틈

완벽히 맞닿은 벽보다
작은 틈이 있는 문처럼
사람도 그렇다

빈틈없는 사람보다
숨 돌릴 수 있는 틈을 가진 사람이 좋다

사랑은 틈에서 생긴다고
자신을 위한 공간을 남겨두는 것

타인이 들어올 수 있게
살짝 열어놓는 여백의 문

할머니의 감나무

할머니 집 마당 한가운데
오래된 감나무 한 그루가 서 있었다
봄이면 연한 초록빛 감꽃을 피우고
여름이면 작은 열매를 매달았다
나는 어린 마음에
감꽃을 손에 쥐고 흔들어 보기도 했고
떨어진 꽃잎을 모아 할머니 손바닥에 올려주었다

"이 조그만 꽃이 감이 된다고요?"
내 물음에 할머니는
웃으며 고개를 끄덕이셨다

한 철이 지나고 나면
감은 더 단단해지고
햇살을 머금으며 점점 붉게 익어갔다
할머니의 머리카락도
계절이 바뀔 때마다 희끗희끗 물들었고
손등의 주름은 감나무 껍질처럼 깊어져 갔다

가을이 오면 나뭇가지에
주홍빛 감이 주렁주렁 달렸다
나는 손을 뻗어 감을 따려 했지만
손이 닿지 않았다
할머니는 기다리면 된다고 하셨다
"때가 되면 저절로 떨어지는 법이란다."
그렇게 기다리다 보니
어느새 감들은 스스로 홍시가 되었다

겨울의 매서운 바람 속에서도
감나무는 끝자락 남은 감 하나를 꼭 쥐고 있었다
까치들이 와서 쪼아 먹을 때까지
나무는 가지를 흔들지 않았다
바람이 불어도 떨어지지 않는 그 홍시를 보며
나는 문득 할머니를 떠올렸다

마당에도 툇마루에도 계시지 않는 할머니
쓸쓸히 감나무 끝에 매달린 까치밥처럼
내 마음 속에 남아있는 할머니의 온기와
껍질처럼 단단한 할머니 손등이 삼켜지는 날이다

제 2부 : 가장 느린 도착

"비가 내리면 잊으려 할수록 더 선명해지는 빗방울"

-「빗가 내리면」중에서

비가 내리면

비가 내리면 국물 맛이 난다
구름을 묻힌 옥수수 수염처럼
비가 내리면

그리움이 드리운 하늘 아래
우산이 없는 슬픈 사람들의 거리
내 연인의 향기로 가득 찬 샤워기처럼
상큼한 레몬향 물거품이 이는 수조처럼

가슴에 갇혀 버린 그리움에
비도 그리운 사랑도 그리운

다시 마주할 날을 조용히 기다리며
흙 속에서도 언젠가 꽃 피울 씨앗
어쩌면 이 비는 당신에게 날아가는 편지

비가 내리면
잊으려 할수록 더 선명해지는 빗방울
소주 한 잔에 훌훌 털어버리고 싶은
김치찌개처럼 얼큰하고 따뜻한 그리움

느림은 나뭇잎 하나다

느림은
나뭇잎 하나다

가지 끝에 오래 매달리다
떨어질 때를 스스로 기다려
지나가는 바람에 흔들려도
결코 서두르지 않는

느림은
그늘이 먼저 되는 빛이다
꽃을 깨우기 전에
먼저 흙을 다독이는 햇살처럼

느림은
강물이 말을 아낄 때 생기는 윤슬이다
물살보다 머뭇거림이 깊은 곳에서
소리 없이 쓸려가는 돌멩이 하나

느림은
숲의 맥박이다
한 뼘 자라기 위해
천 개의 밤을 삼킨 나이테

느림은
울음 끝에 남은 침묵이다
가장 많은 말을 하고도
가장 적게 들리는 말

느림은
누군가의 안부가 마음에 도착하기까지
다섯 계절쯤 걸리는 기다림이다
답장은 없지만
그 계절마다 꽃을 피우는

속도를 늦춘 바람

나무는
누군가의 손길이 닿기 전
수없이 흔들려본 적이 있다
그래서 이번엔
천천히 흔들리기로 했다

산들바람이
나뭇잎을 흔들기까지
생각보다 많은 시간
그건 단지 거리 때문이 아니라
마음의 준비가 필요해서다

속도를 늦춘 바람만이
나무의 그늘에 오래 머무는 것처럼
서두르지 않은 말이
오래 기억되는 것처럼

도착의 시점

기다림이 오래되면
시간은 냉장고의 안쪽처럼 서늘해진다
말보다 먼저 식는 건 시간이고
시간은 찬 커피처럼 조용히 식어간다

느림도 때를 알고 와야 한다
너무 서두르지도
너무 미루지도 않은 채

그날 너는 햇살보다 한 뼘 늦게 왔다
겨울의 끝에서 내 이름을 부르며

네가 도착한 순간 나는 알았다
그 느린 발걸음은 시간을 돌려놓진 못했지만
식어가던 마음에 작은 온도를 남겼다

사람의 안부는 말이 아니라
도착의 시점에 있다는 것을

너무 빠르면 서운하고
너무 늦으면 슬프다

하지만 너는 가장 정확한 느낌으로 왔다
그 감동은 기다림의 끝에 놓인 유일한 선물이었다

고백

'사랑해' 라는 말이 입안에 맴돌다
다 피지도 못하고
스르르 녹아내리는 날들이 있다

마치
물이 물을 기다리듯
곁에 앉아 조용히 기다리는 것처럼

느닷없는 고백은
커피잔을 건네는 손끝에서
이미 듣고 싶던 말처럼
오래 두근거린다

곱씹지 않아도 매일 피어나는 꽃처럼

오래된 전화번호

소식을 듣지 않았어도
번호를 지우지 못하는 이름이 있다

바뀐 휴대폰에
조용히 옮겨 적은 번호 하나

혹시라도
그 사람이 먼저 궁금해 할까 봐
아니면 내가 먼저
그리움에 눌러버릴까 봐

번호는 안부의 창고다
꺼내지 않아도
언제든 열릴 수 있게 남겨두는

길을 잃은 절벽

거센 바람이 북을 쳐 산허리를 때리고
사람이 산다는 멀지 않은 곁으로 다가와
거세진 함성은 운명을 예고하고 있다

부서진 깃발처럼 폭풍이 휘몰아치고
하늘을 가르고 대지를 흔들며
길을 잃은 절벽 끝에서 존재를 찾아야 했다

파도는 허연 이를 드러내 분노를 폭발하고
천둥은 가슴의 울림통을 두드려 깨우며
기억의 잔해들을 산산이 흩어놓는다

점점 가빠지는 숨 틈으로
터져 나오는 외침이 침묵의 그림자를 찢으며
나는 어디로 가야 하는지

검은 하늘을 가르는 깊어지는 밤
내 안의 광야를 토해내며 넋을 잃었다

붙들고 있던 마지막 고요마저 무너지고
목울대 깊숙이 갇혀 있던 함성이
운명의 시위를 당기며 세상을 흔든다

느림보가 건네는 안부

느림보는
세상에서 가장 오래된
발자국을 따라 걷는다
누구보다 먼저 출발했지만
누구보다 늦게 도착하는 길손

새벽조차 몰랐던
그의 걸음엔
빛의 물결이 젖어 있고
돌에 이름을 새기기보단
이끼 하나 덧입힌다

겨울엔 눈송이의 말없음을
봄엔 봉오리의 머뭇거림을
말이 없는 대신 눈빛으로
한 철 한 철로 담는다

비 온 뒤
햇살이 마르기 전까지
그는 구부정한 허리로
떨어진 것들의 안부를 묻듯
나뭇잎 하나를 줍는다

그는 안다
답답하다 말하던 질문들이
오래 걸릴수록
진짜 답이 된다는 걸

집에 닿았을 땐
창밖에 별이 뜨고
주운 나뭇잎 위엔
말 대신 한 줌 숨을 얹는다

그리고
누군가 나뭇잎을 밟고 지나갈 때
조용한 안부는
발끝에서 다시 살아난다

단단한 삶

어린 날
여린 가지를 펴
햇살과 바람을 따라 배워가며
따스할 땐 웃고
몰아칠 땐 버티며
조금씩 야무져진다

단단하다는 건
무성한 가지 아래
스스로를 갉아먹는 것들
속 썩은 줄기 하나쯤은
버릴 줄 아는 이치를 터득하는 일

바람 자리에 뿌리가 깊어지면
마른 가지를 털어내고
다시 푸른 잎을 틔우면 되는 일

휘어져도 부러지지 않는
변하지 않아도 달라질 줄 아는
한 사람의 생은
오늘도 나무처럼 자란다

마법의 노래

원하는 대로 뜻하는 대로
사랑이 피어나는 마법이라면
나는 바람에 노래를 싣고
별빛에 춤을 추리라

손을 뻗으면 그대에게 닿고
마음을 부르면 그대가 다가오고
강물처럼 흐르는 인연 속에
우리의 꿈이 빛나리

시간이 멈춰도 사라지지 않을
눈부신 약속이 있으니
오늘도 나는 부르리라
마법 같은 사랑의 노래를

끝없이 부는 바람

축제의 구름으로 떠다닐 거야
햇살의 화환을 목에 걸고 떠다닐 거야
기쁨으로 가득 찬 소나기도
이젠 부드러워졌어

구름과 구름은 춤을 추듯 엉겨 붙고
소나기와 소나기 사이
무지개가 피어날 거야
숨이 차도록 빛날 때도 있겠지

숲 가장자리에서
숨죽여 쉬는 나무와
파도를 온몸으로 받아들이는
바위 때문일까

수백 번 바람이 불고
수백 번 나뭇잎이 흔들려도
끝없이 부는 바람은
늘 낯설기만 해

봄이란 놈

궁둥이를 실룩이며
느릿느릿 길을 헤집는 꼴이란
눈길 한 번에 사내들 혼을 쏙 빼놓고도
가슴 밑바닥엔 불씨 하나 꼭 숨기고 있네

얼음장 밑으로 흐르던 요망한 것
납작 엎드려 숨죽인 채
개울가를 빙빙 돌며 귀를 세우던 그때부터
이미 짐작했어야 했거늘

훌렁 벗어 던진 치맛자락
희고 탄탄한 허벅지를 드러내고
탱탱한 가슴을 불쑥 내밀며
사내들 숨통을 죄어오는 봄

어디선가 번지는 요염한 내음
분 냄새인가 짙은 유혹인가
버들강아지도 뜨거워
몽글몽글 몸을 비비며 안달하는데

봄
이 화끈한 놈의 봄
또 누구를 발광하게 할 셈이냐

내가 머문 자리

가만히 내려와 머문다
어디에도 속하지 못한 채
잎 끝 풀잎 위
조용한 땅가에 닿는다

차갑지도 따뜻하지도 않은
한밤을 지나 어둠을 적시며
새벽을 깨우는 작은 빛
누군가의 손길도 없이
조용히 숨 쉬며 사라질 채비를 한다

누구의 시선이 머물지 않아도
나를 알아보는 이 하나 없어도
이대로 스며든다 해도 좋다

내가 머문 자리엔
한 줌의 투명한 마음이 남을 테니까

꽃이 져야 봄이 온다

거센 바람이 분다
꽃은 펴보기도 전에 찢기고
뿌리 깊은 나무도 뒤척인다

강은 제 흐름을 잃고
모두가 저마다 물막이를 쌓아
풍요롭던 들판엔
바람 대신 흙먼지만 흩날린다

새벽닭도 울지 않고
날갯짓은 멎고
지친 깃은 둥지를 떠나
고목은 스스로 문을 닫고
숲은 말없이 잠긴다

꽃이 져야 봄이 온다 했던가
겨울을 견뎌야
싹이 트고 향기 피어난다 했던가
그러나 봄은 기다려주지 않는다

해는 길을 잃고
바람조차 머물지 못한다
그 어둠 한가운데
씨앗 하나
흙 속에서 조용히 숨을 고른다

꿈을 꾸는지도 모르게
다시 꽃이 피려는지
다시 봄이 오려는지

보이지 않아도 사라지지 않는 것

가장 깊은 침묵 속에서
빛을 품은 새벽이 어둠을 밀어낸다

어제의 고단함이 지나간 흔적을
태양은 묻지 않는다
그저 묵묵히 다시 떠오를 뿐

밤이 있어야 시작과 끝이 있고
상처가 있어야 치유가 있다
구름이 가려도 바람이 흔들어도
보이지 않아도 사라지지 않는 것

빛은 떠오르는 것이 아니라
어둠을 밀어내며 깨어나는 것
희망은 그렇게
존재 안에서 스스로 타오르는 용기

제3부 : 처음은 언제나 비릿하다

"그녀의 생애 끝자락에 남은 것은
생선 비늘 틈새로 스며들던 짠내 속에서도
돌아서지 못해 떨구던 눈물이었다"

-「아름다운 것들의 처음은 비릿하다」 중에서

아름다운 것들의 처음은 비릿하다

마지막 한 토막까지 바다를 뜯어
하늘에 던지던 파도의 매질처럼
소금기 맺힌 비릿한 숨결로
쌓아 올리던 모진 고행처럼
기찻길에 튕겨 나간 전어의 비늘처럼
갯벌에 쓸려온 썩은
해초의 뚝뚝 끊어진 줄기 끝처럼

아름다워지기 전
처음은 언제나 비릿하다

사리포구의 생선 비린내가 아침을 깨우던 날
다라에 생선을 가득 받아 머리에 이고
협궤열차에 실린 새우 꽃게 전어가
뒤뚱거리는 비탈진 선로를 튕겨 나갔고
염전의 소금 자루가 새벽 버스에 실려
똬리를 튼 머릿짐으로 그녀의 어깨를 짓눌렀다

셈조차 못하는 까막눈 외상장부엔
남편의 핍박과 무능이 굴곡진 선으로 새겨졌고
비릿하게 곰삭은 모진 바람의 한나절은
끝내 자식들 목구멍에
밥알 하나를 더 올리기 위해
세고 또 세는 고단함이었다

그녀의 생애 끝자락에 남은 것은
생선 비늘 틈새로 스며들던 짠내 속에서도
돌아서지 못해 떨구던 눈물이었다

한 그릇의 위로

쌀쌀한 바람이 옷깃을 스치면
따뜻한 국물이 몽글거린다
삶이 짓누를 때마다
어머니의 큰 솥에서 피어오르던 김처럼
나를 감싸던 그 기억

허름한 국밥집에서
푸짐한 한 그릇을 내밀던 할머니의 미소
"더 줄까?"
그 말 한마디에 담긴 인심이
바삭한 깍두기처럼 아삭하게 씹힌다

바쁜 도시의 풍경 속에서도
국밥 한 그릇은 쉼표가 된다
뜨겁게 끓는 국물 속에
소박한 위로와 든든한 마음이 풀어진다

누군가와 함께 국밥을 나누며
삶의 작은 온기를 되새긴다
국밥 한 그릇 속에 담긴
눈에 보이지 않는 위로를
입안 가득 삼키며

그대라는 이름

목이 부러진 한 송이 장미를 움켜쥐고도
공전과 자전은 지구 끝자락을 돌아
반드시 제자리로 돌아온다는 말을 믿었다
달 표면에 깊숙이 빠져버린 발등을 부여잡던 날
몰래 흐느끼는 귀뚜라미는 숲으로 가슴을 가리고 울었다
애벌레처럼 작아져 바다를 서성이고
내가 불렀던 이름마저 버려져 나뒹굴며
더듬더듬 막힌 말문마저 비명처럼 숨어들었다

동그랗게 말린 애벌레 등짝에서
비틀거리는 생각 하나 튕겨 나와 중심을 잡는다
모든 세상의 길을 다 걸어보지 못한 다리로
생에 모든 울음에서 일으켜 세울 다리와 마주했다
우지끈 무너지는 중력쯤이야 감당할 수 있다며
반평생을 함께 지탱하며 살아온 살가운 날들
더듬더듬 막혔던 말문이 트이고
동그랗게 말린 등을 펴 그대라는 이름을 부른다

사리포구

바람이 스칠 때마다
갈매기 울음소리 뒤엉킨 파도가
아버지의 손을 닮았다.
매듭처럼 단단히 엮인 그 손
바다를 부둥켜안고
삶의 그물을 던지던 날들

그을린 얼굴은 검게 빛나고
소금기 어린 땀방울은
바람의 노래가 되었다

아버지는 고통을 말하지 않았다
파도처럼 덮쳐오는 현실을
등대로 삼아 헤쳐 나갔다

전어가 춤추고 새우가 물결치는
사리포구의 황금빛 날들
그곳에 아버지의 꿈이 떠돌았다
자식들에게 더 나은 세상을 보여주겠다는
그 한마디 약속을 품고

삶의 바람 속에서도
억척같이 버텨낸 어깨
그 어깨에 묻은 소금기는
이제 아들의 눈물이 되어
아버지의 이야기를 잇는다

사라진 사리포구 위에
아버지의 흔적은 파도처럼 남아
끝없이 밀려오고
그 바다를 마주할 때마다
아버지의 이름이 너울처럼 밀려온다

아버지

하늘이 불을 지상으로 내려오는 날
아버지의 하루는
하얗게 빛나는 소금밭에서 시작되었다
팝콘처럼 피어나는 소금 결정들 사이로
삶의 무게를 짊어진 발걸음이
굵고 깊은 흔적을 남겼다

비가 내리면 고요한 밤도 깨졌다
소금물이 빗물에 섞일까
소금밭의 숨결이 흐려질까
아버지는 빗속을 달려
소금물을 구덩이에 가뒀다
빗줄기 속에서 빗물인지 땀인지 모를
고된 노력은
그의 어깨에 깊은 고랑을 새겼다

허벅지와 팔근육에 새겨진 세월은
어느새 검게 탄 대지의 빛깔이 되었고
그 속에서 삶을 일구는 아버지의 모습은
눈부신 소금처럼 하얗게 빛났다
험난한 노동의 끝자락에서
소금을 쌓아 올리는 그 손길은
바다의 꿈을 안고 있었다

염부의 삶은 바람에 흔들렸지만
결코 쓰러지지 않았다
무겁고 뜨거운 소금의 무게가
그의 어깨를 짓누를 때조차도
가족을 위한 마음은
그를 앞으로 밀어냈다

퇴근길
자전거 페달을 밟는 아버지의 발은
언제나 가벼웠다
그가 쌓아 올린 소금 산처럼
자식들의 꿈이
하얗게 빛나기를 바라는 마음으로

어느 날
소금밭을 떠나온 아들의 눈에 비친
그 땅은 아직도 뜨겁게 타오르고 있었다
아버지의 땀방울이 스민 그 자리에서
아들은 세상의 소금이 되는 법을 배운다

염부의 눈물

쏟아지는 빗물
그 한가운데 아이가 선다

결정지를 빠져나간 소금물이 점점 묽아지고
해주막*의 수차는 멈출 줄 모른다

수차를 돌리는 힘겨운 사투
아이의 눈에는 비가 들어오지 않는다

눈물은
소금을 다시 짜내는 법을 안다

하늘에 떠 있는 소금의 기억처럼
수차는 쉼 없이 돌아간다

* 해주막 – 비가오면 결정지의 소금물을 가두어 두는 저장소

소금꽃

파도가 숨을 죽인 오후
바다는 수문을 열고
하늘의 무게를 담은 물살을 들여보낸다

해 질 무렵
한낮의 투정도 삼켜버린 저수지
쉰 바람 따라 떠밀려온 물새의 울음

망둥이 한 마리 물장구를 치고
짱뚱어는 놀라 저수지를 튕기고
숭어 떼 지어 밀물을 가로지르고
방게는 물살 사이로 집을 찾는다

손등처럼 퍼지는 햇빛
바닷물이 흘러들어 소금이 되는 곳
먼 바다의 기억이 고요히 눕는 자리

숨죽인 결정지 위
후드득, 소금꽃이 튀어 오른다

고향의 봄

물기 머금은 흙냄새가
신작로 끝 오래된 버드나무를 깨우고
기억보다 먼저 봄이 도착하고서야
나는 한 계절 뒤 문지방을 넘었다

숨죽인 흙 속에서 돋아나는 연두빛이
한때 울컥했던 내 사춘기 같아
마루에 쌓인 바람을 걷어내며
아버지의 기침소리를 상상해 본다

"지금쯤 어머니는 고구마를 굽고 있었지"

봄은 그렇게
조용한 준비 끝에 도착하는 법인데

반겨주는 이 아무도 없어도
무심히 돌아올 수 있는
고향은 봄이다

당신을 위한 겨울

당신을 위해
올겨울은 더욱 따뜻해야 합니다
바람이 문을 두드리기 전에
장작을 패고 불씨를 살리고
온기를 들일 준비를 하렵니다

당신의 어깨에 얹힌 세월을
덜어줄 수는 없겠지만
내 두 손으로 지친 등을 감싸고
한 걸음 더 천천히 걸어보려 합니다

당신이 내어준 시간 위에
나는 쉬고 꿈꾸고 기대었으니
이제는 내 시간으로 당신을 감싸렵니다

말로 하지 못한 사랑이
식어버린 줄 알았던 사랑이
아직도 이렇게 가슴을 두드립니다

내가 당신을 아프지 않게 하겠습니다
늦지 않게 멀어지지 않게
눈부시지 않아도 따뜻한 사랑으로
올 겨울을 함께 지펴가겠습니다

다정함의 망설임

다정한 말은
생각 없이 뱉어지지 않는다

다정한 마음은
말보다 마음이 먼저 고민한다

조심스럽게
혹여 상처 주진 않을까

입술 끝에서 망설이다가
겨우 내뱉는 말

'힘들면 말해'
그 한마디

등불 하나

가장 환한 빛으로 빛나야 했던
아프지 않은 척 아무 일 없는 척
슬픔을 눌러 쓴 웃음의 가면

슬픔은 나눌수록 작아지고
기쁨은 나눌수록 커진다며
사랑하는 이들이 서럽지 않도록
내 어깨 위로 단단히 동여매는 일

남편이란 이름
아버지라는 이름
나는 울타리가 되기로 했다

비바람을 막아내는 담장이 되고
문풍지를 감싸는 따뜻한 손길이 되고
흐르는 눈물은 바람에 말리고
어둠 속에서도 길을 밝히는
작은 등불이 되기로 했다

대부도 해솔길

몸이 패여도 흉터를 남기지 않는
밀물과 썰물이 어우러진 갯골 사이로
비틀린 소라껍데기 사이 틈을 내어주던
소금기 어린 웃음소리가 들린다

헐거운 통발을 풀어헤쳐 담처럼 쌓아도
밀물의 물살을 거스를 수는 없어
천 년을 흘렀던 갯벌의 열기가 식어가도
염전의 소금밭은 썰물처럼 살아 숨쉰다

해솔길 따라 서해 바다를 바라보며
포도빛 같은 노을을 들이킬 때면
허리춤 아래까지만 물이 차오르거나
거센 바람의 파도가 헐떡이며 밀려오거나
조개의 숨소리가 들린다 해도 시샘하지 않는다

염전과 포도밭의 경계 어디에선가
소금바람을 마시며 낮게 엎드리고
지나치는 바람도 원망하지 않으며
제 자리를 지키는 바지락이 속을 뱉어
잔잔한 세상의 틈을 만드는 것인지도 모른다

심해 깊은 바닥으로 떨어져도
껍질 속 깊이 남은 물길을 부둥켜안고
옹기종기 모여 있는 돌 사이사이에 끼어
새가 쉬어갈 둥지를 내어주기도 한다

흐트러지지 않으려는 무심함의 배려
구불구불 뻗은 해솔길 휘어진 소나무 등 따라
처음 있던 그대로 휘청거린 발걸음을 옮기다 보면
메마른 바람일지라도 따뜻해지기도 한다

비석거리의 외침

수암동 비석거리
그날의 외침은 천지를 흔들어
삼천리 강산에 꽃처럼 피어난
독립의 불꽃 꺼지지 않는 넋이여!

3월의 바람은 차가웠으나
가슴속 뜨거운 함성은 멈추지 않았고
두 손 높이 들며 외쳤던 만세는
이 땅을 밝히는 별빛이 되었습니다

아, 순국의 넋들이여
그대의 이름은 바람 속에 살아 있고
그대의 숨결은 태극기 물결 속에 남아
우리 가슴마다 빛으로 새겨졌습니다

오늘도 우리는 그 길을 걸으며
돌아보면 가시밭길이지만
길 따라 피어난 꽃은
고난 속에서도 사라지지 않았습니다

안산의 산과 강 들판마다
그대의 혼이 머물고
비석거리에 남은 흔적은
후대의 맹세가 되었습니다

피로 물든 대지에 새긴
자유와 평화의 서사시여
그대의 희생은 빛이 되어
역사의 길잡이가 되었습니다.

아, 호국영령이여!
그대의 이름 부를 때마다
우리의 심장은 다시 뜨거워지고
영혼은 새벽의 별처럼 깨어납니다

이제는 평화의 시대
그대가 지키고자 했던 이 땅 위에
희망의 씨앗이 뿌려졌고

그 씨앗은 세대를 넘어
영원히 자라날 것입니다

안산의 하늘은 높고도 푸르며
그대의 뜻은 바다처럼 넓으니
우리는 결코 잊지 않으리라
그 길이 있었기에 우리가 있음을

아, 그대의 고귀한 넋이여!
우리 후손들의 길을 비추소서
이 땅의 평화와 번영을 위해
오늘도 기도하나이다

눈물과 절규로 새긴 조국의 초석 위에
그대의 별빛은 꺼지지 않고 빛나리
안산의 넋이여 영원히 빛나라!

현정승집도 _청문당

청문당 마루 위로
걸판진 막걸리 향이 번지고
술기운에 취한 초복 더위도
흐릿한 기운으로 스러진다

펄펄 끓는 가마솥 국물
반상 구별 없는 젓가락을 기다리고
마당 한켠 소박한 옹기마다
푸짐한 인심이 넘쳐 흐른다

바둑판 위 검고 흰 돌
가마솥 끓듯 뜨겁게 맞서도
강세황 붓끝으로 풍류가 번지고
유경종 서책에서 철학이 우러나
한 폭의 그림 속으로 스며든다

초복의 무더위 화폭으로 스미고
어우러진 춤사위

경쾌하게 튕겨지는 거문고 줄 따라
청아한 울림 청문당이 맑다

닫히지 않는 문틈으로
그날의 바람이 곁을 스친다

방아머리 사랑

텅 빈 가슴에 스며든 바람
파도 소리에 그대가 들려와
손끝에 남아 있던 온기마저
밀물처럼 번져와 날 감싸네

모래 위에 남겨진 발자국 따라
그대 향기라도 찾으려 걸어가
속삭이던 사랑은 저물어 가고
파도만이 끝없는 맹세를 속삭이네

그대는 어디에 내 사랑은 어디에
저 소라껍데기 속삭임만 남았는데
이토록 깊은 사랑인데
이토록 간절한 사랑인데
왜 나는 홀로 이 길을 헤매이나

제4부 : 우리가 머문 계절

"공허함을 깨우는 풍경처럼 스며드는
어미소 눈망울처럼 슬프고 따뜻한 침묵의 결"

-「공명」 중에서

빛의 여백에 머물다

안개가 턱 밑을 쓰다듬고
담장 너머 라일락이
숨결처럼 세상을 부른다

햇살은 조용히 어둠의 등을 꺾고
바람의 속삭임이
내 마음의 여백을 건드리며
나뭇가지 위에 말을 얹는다

시간은 한 장씩 빛을 넘기고
잊혔던 축제의 종소리가
침묵 안에서 꽃잎처럼 핀다

일상의 한조각 비늘들이
하나의 빛으로 꿰매지고
떨리는 잎새가
지난날을 쓰다듬는다

너와 나의 하루가
서로의 숨결이 되고
별빛 같은 기쁨이
세상과 닿기를

라일락 향기 따라 흐르는 이 길
푸른 하늘은
우리의 조용한 이야기로 흐른다

공명

비워져야 맑게 울리는
가장 깊은 곳에서
고요를 가로지르는
한 줄기 투명한 떨림

속이 텅 빈 대나무는
바람을 품고
저마다의 음을 낸다

비움 위에 또 비움이 겹쳐지고
어루고 또 어루만진 자리에
비로소 깃드는 울림

공허함을 깨우는 풍경처럼
스며드는
어미소 눈망울처럼
슬프고 따뜻한 침묵의 결

젓가락

언제부턴가 내 손에 딱 달라붙어
손 어딘가 비어 있는 틈을 비집고
톱니처럼 어긋나 불안한 선을 찾아냈지

서로를 바싹 의지한채
하나의 악기가 된 듯
리듬을 타며
긴장감 있는 협주를 마음먹었지

벌어진 틈은 애써 메우지 않아도
서로 엇나가면
잡히지 않는 밥알 하나에도
젓가락 끝을 가늘게 맞대야
비로소 허기진 무대가 막을 내리지

젓가락만한 연장 없는 식탁은
왼손 오른손을 구분하지 않아도
날렵한 선으로 찬을 짚어
나란히 동무한 두 가락이
한 끼의 화음을 완성하는 거지

함성

거센 바람 북소리가 산허리를 때리고
사람이 산다는 멀지 않은 곁에서
거세진 함성은 운명을 예고하고 있다

부서진 깃발처럼 폭풍이 휘몰아쳐
하늘을 가르고 대지를 흔들며
길을 잃은 절벽 끝에서 존재를 찾는다

파도는 허연 이를 드러내 분노를 폭발하고
천둥은 가슴의 울림통을 두드려 깨우며
기억의 잔해들을 산산이 흩어놓았다

점점 가빠지는 숨 틈으로
터져 나오는 외침이 침묵의 그림자가 되는
어디로 가야 하는지 길을 잃었다

검은 하늘을 가르는 깊어지는 밤
내 안의 광야를 토해내며 넋을 잃고
붙들고 있던 마지막 고요마저 무너져
목울대 깊숙이 갇혀 있던 함성이
운명의 시위를 당긴다

사랑나무

바람에 흩날리는 두 개의 잎
서로 다른 가지에서 태어나
다른 계절을 지나
마침내 같은 강물에 닿은 맺음

햇살을 닮은 이슬이었던 그대
나는 그 이슬을 머금은 꽃잎이었지
우리는 서로의 빛을 안고
서로의 그림자를 품으며
하나의 나무가 되었지

사랑은 깊이 뿌리내리는 일
말없이 흙을 다독이고
시간의 비에 젖으며
서로를 더 단단하게 감싸는 일

때로는 바람이 흔들고
폭풍이 휘몰아쳐도
우리는 서로를 놓지 않는 나무
흔들려도 부러지지 않는 나무
잎이 져도 다시 피는 연인

그대가 나의 하늘이 되어준다면
나는 그대의 땅이 되어
그대와 나의 사랑나무는
계절이 바뀌고 시간을 거슬러도
늘 푸르게 서 있으리

가을 단풍

바람 스친 갈대밭은
늘 지나는 흔들림
붉어졌을까
공연히 헐거워진 틈으로 쏟아진다
나만

바람이 간다
이별이었을까
비파 소리 갈라지듯
시린 비명처럼
먼 기적 소리에도 흔들리며 떠난다

아름다운 거짓말이라야
아픈 진심이 닿는 거라며
예배당 종소리 같은 바람이 떠났다
사랑했을까
너는

알아, 무슨 말이 하고 싶은지

딱!
술 한 잔 하고 싶다
네 속이 담겨 말하지 못한
난 그게 궁금해

딱!
술 한 잔 하고 싶다
삐죽이며 꺼내다 다물던
난 그게 궁금해

딱!
술 한 잔 하고 싶다
너보다 먼저 하고 싶은
오래된 속에 담긴

널 사랑해! 이 말

사랑1

사랑은 파도
스치는 이별에도 매번 입맞추는
그리움의 상처보다 깊은 다정함

사랑은 바람
한 잎의 고요를 끝끝내 흔드는 속삭임
지나는 길에도 당신을 기억하는 체온

사랑은 강
가장 낮은 곳으로 흐르면서도
발끝을 맴돌다 다시 돌아오는 이름 없는 물결

사랑은
멀어져도 다시 다가오는
닿지 않아도 마음이 먼저 알아보는
흘러가도 지워지지 않는 물결의 기억

사랑2

사랑은 별
모든 불빛이 꺼진 후에도 마지막까지 깨어 있는
어둠 속에서만 반짝일 수 있는 눈동자

사랑은 달
결코 닿을 수 없는 거리에 있으면서도
바다를 매일 당기는 조용한 떨림의 원형

사랑은 꽃
햇살에 목숨을 걸고 피어나는 설렘
바람에도 무너지지 않는 마음의 결

사랑은
어둠 속에서도 길을 비추는
멀어도 내 안에 빛나는
매 순간을 기억하게 하는 찬란한 이름

사랑3

사랑은 안개
닿는지 모를 만큼 조용히 감싸는 침묵
남김 없이 스며들고도 남는 그리움

사랑은 구름
멀어졌다가 다시 품을 휘감는 망설임
하늘 아래 맴돌며 한 번도 떠난 적 없는 존재

사랑은 돌
말 없이 기다리고 조용히 이끼를 품어내며
세월이 지나도 단단한 자리에 스며드는 온기

사랑은
말하지 않아도 전해지는
기억보다 더 오래 남는 온기
세월을 품고도 흔들리지 않는 마음

사랑4

사랑은 시계
흘러가는 바늘 끝에 걸려 있는 망설임
멈추지 않으려 애쓰는 기억의 맥박

사랑은 길
끝을 알 수 없어도 걸어야만 하는 순례
뒤돌아보면 늘 함께 걷고 있던 발자국

사랑은 불
가장 먼저 꺼질 것 같지만
가장 오랫동안 마음을 태우는 온기

사랑은
잡을 수 없어도 살아 있게 하는
지나도 다시 돌아오는 감정의 발자국
세상 모든 시간 속에서 가장 오래 뛰는 심장

사랑5

사랑은 숨
소리 없이 이어지다 어느 순간 잊혀지는
사라지면 모든 것을 놓치게 되는 본질

사랑은 꿈
현실보다 선명한 마음의 풍경
깨어나도 사라지지 않는 얼굴의 잔상

사랑은 비
내리는 줄도 몰라 젖어버리고
그치고 나서야 흠뻑 젖은 마음을 알아차리는 심정

사랑은
닿지 않아도 가슴을 적시는
말하지 않아도 기억되는
마음 깊은 곳에서 끝없이 살아나는 숨결

코스모스

바람이 지나간 자리로 꽃이 피어나듯
하늘빛 닮은 연분홍 치맛자락 흔들며
무심한 들녘에 하늘거리는 사유

흔들림 속에서 피어나는 사랑
순정이라 부르는 그 깊은 마음으로
가을 끝자락마저 따스함으로 물들인다

계절이 바뀌어야 그리움도 꽃이 되고
낙엽이 지고 나야 비로소 마음이 단단해지듯
청초한 그리움은 영원한 가을의 속삭임

흔들림 속에 진리를 피워 올려
동화 같은 숨결의 언어로 새긴
푸른 초원으로 번지는 순정의 꽃

백합

가장 순결했을 때
누군가 입술을 닮았다고 했어

그래서 매일 아침
물 한 컵의 설레임으로 널 기다렸어

순결은 믿음이 아니라
끝까지 피어오르는 욕망이었다는 걸
네가 떠난 뒤에야 알았어

목련

겨울의 끝자락에서 태어나
세상에 가장 먼저 입맞춤을 건네

하얀 살결에
누구는 신성함을 보았고
누구는 욕망을 보았다고 했어

그 모든 시선을 알면서도
단 한 번도 눈을 감지 않았지

장미

가시에 찔릴 줄 알면서도
내 곁에 머물러

사랑은 그런 거라고
위험하지만 피할 수 없다고

그래서 너를 위해
더 붉게 더 화려하게
스스로를 찔러가며 핀다고

라일락

첫사랑의 냄새라고 했지
그건 너무 오래전 기억이라

지금은 누구의 것이었는지
잘 기억도 안 나

하지만 봄밤이 오면
다시 그 향기 속에서
나도 모르게 누군가를 기다려

「출판사 서평」

말보다 오래 머무는 말
_상처와 치유, 느림과 사랑의 시학

　말은 때로 늦게 도착합니다. 빠르게 소멸되는 문장들 사이에서 오필선 시인의 『말보다 오래 머무는 말』은 그 느린 말의 도착을 묵묵히 기다립니다. 이 시집은 언어 이전의 삶, 말 너머의 감정, 그리고 침묵 속에 머무는 존재를 향한 조용한 손짓입니다. 가장 낮고 보잘것없는 자리에서 말을 가꾸고, 그 말로 생의 균열을 어루만지며, 마침내 우리가 머물렀던 계절의 이름을 불러주는 시편들은 고요하지만 단단한 서정의 힘을 보여줍니다.

　시집은 총 4부로 구성되어 있습니다. 각 부는 하나의 정서적 여정을 따르며, 말과 존재가 머무는 풍경을 다르게 조망합니다.

　1부 「말의 정원」은 말이 자라는 자리, 삶이 말로 피어나는 풍경을 섬세하게 그려냅니다. 여기서 말은 이미 완성된 언어가 아니라, 상처에서 피어난 작은 씨앗입니다. '셋방살이', '달의 등뼈', '풀잎처럼 사는 일' 같은 시들에서는 불완전한 삶과 미숙한 말들이 등장하지만, 그 말들은 누구보다 진실하고 정직하게 피어나려는 생의 언어입니다. 말이 곧 존재의 몸짓이 되는 이 장에서는, 사소한 일상과 개인적인 기억이 조용한 시적 고백으로 승화됩니다. 시인은 언어를 통해 자신과 세계 사이의 작은 틈을 메우고, 말이 곧 살아있음의 증거임을 말합니다.

 2부 「가장 느린 도착」은 그 말들이 시간의 흐름을 따라 어떤 감정의 결에 이르게 되는지를 보여줍니다. '속도를 늦춘 바람', '도착의 시점', '느림보가 건네는 안부' 같은 시들에서는, 시간의 흐름 속에서 더욱 투명해진 감정과, 그 감정을 품는 말의 결이 돋보입니다. 빠르게 지나가는 시대 속에서 시인은 의도적으로 속도를 늦추고, 뒤처지는 감정들을 붙잡아 기록합니다. 이 장에서 우리는, 비로소 '느림'이 지닌 깊이를 배우게 됩니다. 느리게 도달하는 말은 단단하고, 더디게 오는 존재는 더 깊게 남습니다. 느림은 이 시집의 가장 중요한 미학적 태도이며, 동시에 시인의 삶을 지탱해온 방식입니다.

 3부 「처음은 언제나 비릿하다」는 가장 내밀한 생의 기억과 마주합니다. 이 장은 고향, 노동, 가족, 상처, 뿌리 같은 단어들로 가득합니다. '염부의 눈물', '소금꽃', '당신을 위한 겨울'과 같은 시편들은 단순히 회고적 감상에 머무르지 않습니다. 그것은 기억과 고통을 통과한 자만이 건넬 수 있는, 한없이 진한 위로의 말입니다. 이 장은 시인의 개인적 기억과 지역적 정서를 결합시키며, 삶의 근원을 거슬러 올라갑니다. 비릿한 고통은 이 시에서 단순한 아픔이 아니라, 공동체와 시대의 기억으로 확장되며, 결국은 '비릿한 아름다움'이라는 모순적 진실로 수렴됩니다. 또한, 말이 어떻게 노동의 손끝에서 피어날 수 있는지를 보여주는 시편들이기도 합니다.

4부 「우리가 머문 계절」은 삶의 뒤안길에서 피어난 사랑과 자연, 그리고 조용한 수확의 시학을 담고 있습니다. 시들은 고요한 관조의 시선으로 삶을 바라봅니다. '공명', '사랑(1)~(5)', '코스모스', '라일락' 등에서는 시간과 감정, 인간과 사물이 서로 겹쳐지며 하나의 계절을 이룹니다. 계절은 단순히 봄, 여름, 가을, 겨울의 윤회가 아니라, 우리가 머물렀던 관계와 감정의 풍경이기도 합니다. 시인은 결국 계절에서 '사랑'이라는 단어를 가장 조용하고 정결하게 꺼내 놓습니다. 그것은 어떤 드라마틱한 고백도, 극적인 찬란함도 없습니다. 다만, 오래 바라보고 오래 기다린 사랑의 온기가 말 없는 자리에 남습니다.

『말보다 오래 머무는 말』은 시인이 자신과 삶, 타인과 세계를 향해 띄운 작고 진실한 안부입니다. 말은 때로 상처에서 시작되어, 느림 속에서 다듬어지고, 사랑을 통해 비로소 도착합니다. 이 시집은 바로 그 여정을 따라가는 깊고 고요한 순례입니다. 시인은 말의 가장 조용한 자리에서 언어의 뿌리를 찾아내고, 말 너머의 삶을 감각합니다. 시편들은 대단한 결론을 요구하지 않습니다. 오히려 "천천히 와도 괜찮다"는 말 한마디를 남기며, 오래도록 독자의 마음에 머뭅니다.

  삶이 조용히 지나가는 속도를 사랑하는 이들에게, 존재의 틈을 언어로 매만지고 싶은 이들에게, 시인의 시집은 오랜 친구처럼 다가올 것입니다. 『말보다 오래 머무는 말』은 문학이 어떻게 마음을 살피고, 기억을 끌어안으며, 계절을 건너는지를 보여주는 성숙하고 다정한 시의 정원입니다.